CARL HERMANN ULE

Parkinsons Gesetz und die deutsche Verwaltung

SCHRIFTENREIHE
DER JURISTISCHEN GESELLSCHAFT e.V.
BERLIN

Heft 5

Berlin 1960

WALTER DE GRUYTER & CO.

vormals G. J. Göschen'sche Verlagshandlung · J. Guttentag, Verlagsbuchhandlung
Georg Reimer · Karl J. Trübner · Veit & Comp.

Parkinsons Gesetz und die deutsche Verwaltung

Von

Dr. Carl Hermann Ule

Professor an der Hochschule für Verwaltungswissenschaften in Speyer

Vortrag
gehalten vor der
Berliner Juristischen Gesellschaft
am 4. März 1960

Berlin 1960

WALTER DE GRUYTER & CO.

vorm. G. J. Göschen'sche Verlagshandlung · J. Guttentag, Verlagsbuchhandlung
Georg Reimer · Karl J. Trübner · Veit & Comp.

Archiv-Nr. 272760/5

Satz und Druck: Berliner Buchdruckerei Union G. m. b. H., Berlin SW 61

Meiner lieben Frau

zum 14. Juli 1960

I. Gegenstand und Zweck der Untersuchung

Wer vor einer Gesellschaft, deren Zweck nach ihrer Satzung die wissenschaftliche Behandlung aller das Recht betreffenden Fragen ist, ein Thema erörtern will, das seinem Wesen nach kein Gegenstand rechtstheoretischer, rechtsgeschichtlicher, rechtsvergleichender, rechtsdogmatischer oder rechtspolitischer Betrachtung sein kann, muß zunächst die Wahl dieses Themas rechtfertigen. Diese Notwendigkeit besteht um so mehr, als manchem von Ihnen vielleicht die Parkinsonsche Krankheit als Gegenstand wissenschaftlicher, wenn auch medizinischer Forschung bekannt sein mag, das Parkinsonsche Gesetz aber nicht. Zwar darf ich annehmen, daß Sie in den letzten Jahren alle von „Parkinsons Gesetz und anderen Untersuchungen über die Verwaltung" gehört haben, da das gleichnamige Buch von C. Northcote Parkinson[1]) bei uns, aber nicht nur bei uns, eine ungewöhnliche Publizität gehabt hat. Aber vielleicht haben Sie gerade deshalb Zweifel, ob dieses Gesetz eine ernsthafte wissenschaftliche Behandlung verdient, weil die Öffentlichkeit im allgemeinen wissenschaftlichen Lehrmeinungen keine übermäßige Beachtung zu schenken pflegt.

1. Die erste Frage, die hier beantwortet werden müßte, wäre daher die Frage nach der Ernsthaftigkeit der von Parkinson gemachten Aussagen. In dieser Hinsicht bestehen begründete Zweifel, da nicht anzunehmen ist, daß Parkinson das von ihm dargebotene „statistische Material" und die von ihm entdeckte „mathematische Formel" selbst ernst genommen hat. So läßt z. B. die von ihm verwertete Statistik der britischen Admiralität durch Beschränkung auf die Großkampfschiffe als Vergleichsmaßstab[2]) so offensichtlich den Strukturwandel der Royal Navy zwischen 1914 und 1928 außer Betracht, daß man Parkinson für einen Dummkopf halten müßte, wenn er das nicht selbst erkannt hätte. Und

---

[1]) Die deutsche Übersetzung ist 1958 erschienen beim Econ-Verlag GmbH, Düsseldorf, in Gemeinschaft mit der Schuler Verlagsgesellschaft Stuttgart.

[2]) Unter Vernachlässigung aller übrigen Schiffseinheiten; vgl. die Zusammenstellungen bei Weyer, Taschenbuch der Kriegsflotten, XV. Jahrgang 1914 und XXIV. Jahrgang 1928.

die von ihm entdeckte „mathematische Formel" für die jährliche Zuwachsrate des Verwaltungspersonals ist so unsinnig, daß auch der von ihm zu Rate gezogene „höhere Mathematiker", dem das Buch — „aber aus anderen Gründen" — gewidmet ist, ihm ihre Sinnlosigkeit nicht verhehlt haben kann.

Nach dem von P a r k i n s o n aufgestellten Gesetz soll die Zahl der Beamten und Angestellten im öffentlichen Dienst ständig wachsen, und zwar unabhängig davon, ob die Arbeit zunimmt, abnimmt oder ganz verschwindet. Die Gründe für diese Vermehrung sollen nicht in Ursachen liegen, auf die die Beamtenschaft keinen oder jedenfalls doch nur einen sehr geringen Einfluß hat, sondern in dem Ausdehnungsstreben der Beamtenschaft selbst. Auf Grund sog. „statistischen Materials" und der famosen „mathematischen Formel" hat P a r k i n s o n die jährliche Zuwachsrate im öffentlichen Dienst auf rund 5,75 % „errechnet".

Man könnte an dieser Stelle die Akten über den Fall schließen, weil festzustehen scheint, daß sich P a r k i n s o n mit dieser Lehre und ihrer Begründung über seine Leser nur lustig machen will. Aber die Reaktion, die sein Buch nicht nur in der deutschen Öffentlichkeit, sondern auch in der deutschen und ausländischen Wissenschaft gefunden hat, macht den Fall doch komplizierter. Die zahlreichen zustimmenden Besprechungen, die Parkinsons Buch in der deutschen Presse erhalten hat, haben in der öffentlichen Meinung die Auffassung genährt, daß es in der Verwaltung von Bund, Ländern und Gemeinden zu viele Beamte und Angestellte gibt und daß diese hypertrophische Ausweitung des öffentlichen Dienstes der Beamtenschaft selbst zuzurechnen sei. Das ist eine ernsthafte Tatsache, da sie das sowieso schon nicht sehr feste Vertrauen zwischen Bevölkerung und Beamtenschaft weiter erschüttern muß. Eine Überzahl von Beamten und Angestellten belastet den öffentlichen Haushalt und damit jeden einzelnen steuerzahlenden Bürger. Der Unmut des Bürgers über die Höhe der Steuern muß sich daher gegen die Beamtenschaft richten, die sich aus eigensüchtigen Gründen ständig vermehrt und dadurch eine sonst mögliche Senkung der Steuern verhindert. Die Beamten erscheinen in dieser Betrachtung als die Drohnen im Bienenstock, als die wahren Herren im Staat, denen offenbar auch die Parlamente und die Abgeordneten, die doch die Mittel für die Vermehrung der Beamtenstellen bewilligen müssen, keinen

Widerstand entgegensetzen können. Auch wenn Parkinsons Gesetz ohne den geringsten Wahrheitsgehalt wäre, verdiente es wegen der Wirkungen, die es auf die öffentliche Meinung ausgeübt hat und noch ausübt, ernste Beachtung.

Mit Überschriften wie „Parkinsons Gesetz gilt auch in Bonn"[3]) oder „Bonn richtet sich ganz nach Parkinsons Gesetz"[4]) haben angesehene deutsche Journalisten und große deutsche Zeitungen der Öffentlichkeit einzureden versucht, daß auch in der Bundesrepublik das Gesetz der „autokatalytischen Vermehrung des Beamtenkörpers", wie A r n o l d G e h l e n[5]) es genannt hat, wirksam ist. Offenbar, so schreibt eine andere Zeitung, gehorcht „die Verwaltung bedingungslos dem Parkinsonschen Gesetz, nach dem die Behörden auch ohne Vermehrung ihrer Aufgaben, unentwegt, und noch dazu progressiv, ihren Personalbestand zu mehren suchen"[6]). Weitere Beispiele für ähnliche Stimmen könnten hinzugefügt werden[7]). Nur in Ausnahmefällen hat die Presse das Parkinsonsche Gesetz als das gekennzeichnet, was es in Wirklichkeit ist, als ein Wachstumsgesetz, das „im Zeitalter vernünftiger Rationalisierung und Technisierung des Verwaltungsapparats ... nur noch in den Hirnen perfekter Fabeldichter eine Rolle spielen" kann[8]).

Diese kritische Haltung ist sonst nur in einigen Besprechungen anzutreffen, die dem Buche Parkinsons von Juristen gewidmet worden sind, am deutlichsten wohl in der sehr eingehenden Stellungnahme von H. - E. L o h m a n n[9]). Dieser Autor spricht es offen aus, daß sich P a r k i n s o n der Statistik und der Mathematik nicht wirksam bedient, sondern sich „über diese Methoden genau so lustig macht wie über den Gegenstand, den er mit ihnen bloßstellen will". Nach seiner Meinung will P a r k i n s o n „eine Parodie auch darüber liefern, daß nichts so dumm ist, daß es nicht

---

3) W. H. in Düsseldorfer Nachrichten vom 22. 11. 1958.
4) Walter Henkels in Ruhr-Nachrichten vom 4. 12. 1958.
5) Parkinson einmal anders (Merkur 1959, Heft 142, S. 1202 ff.).
6) G. Z., Parkinsons Gesetz, in Frankfurter Rundschau vom 29. 11. 1958.
7) Etwa der Aufsatz von R. Couvé, Parkinsons Gesetz in deutscher Sicht, Zs. f. Organisation 1959 S. 86 ff. mit der bezeichnenden Zwischenüberschrift: „Bei einem Rundblick auf unsere behördliche Verwaltung erkennen wir, daß Parkinsons Gesetze auch bei uns gelten".
8) Johannes Wilhelm Koch, Kennen Sie Parkinson? in Bonner Rundschau vom 18. 2. 1959.
9) H.-E. Lohmann, „Parkinsons Gesetz" oder wie man die Statistik nicht benutzen soll, in: Der Beamte an Rhein und Ruhr, 1959 Nr. 3 S. 17 ff.

geglaubt wird, sofern es nur in gehöriger wissenschaftlicher Verbrämung und im Brustton der Überzeugung vorgebracht wird". Falls P a r k i n s o n diesen Beweis hat führen wollen, ist er ihm, jedenfalls bei uns, weitgehend geglückt. Ebenso entschieden wie L o h m a n n hat sich auch K r a t z e r [10]) geäußert, der von einer „mystischen mathematischen Formel" und von „phantastischen Gedankengängen" spricht und die Überzeugung ausdrückt, daß dieses Buch „hoffentlich auch von keinem Außenstehenden ernst genommen wird". Als K r a t z e r diese Erwartung aussprach, lagen aber die zustimmenden Äußerungen der deutschen Presse bereits vor.

Erstaunlicher als diese Tatsache, auf deren Ursachen ich noch zu sprechen kommen werde, ist allerdings die Feststellung, daß auch die Wissenschaft P a r k i n s o n ernst genommen hat. Ich kann das an einigen Beispielen aus aller Welt belegen.

Schon im Jahre 1956 hat sich der dänische Verwaltungswissenschaftler P o u l M e y e r dazu entschlossen, den damals noch nicht in Buchform vorliegenden Beitrag „Parkinson's Law" eines ungenannten Autors, der im November 1955 in der angesehenen englischen Zeitschrift „The Economist" erschienen war, in sein Buch „Administrative Organisation. A Comparative Study of the Organization of Public Administration"[11]) aufzunehmen. Er wurde dort unverändert im V. Kapitel „The Growth of Administration" mit dem Zusatz abgedruckt, daß er dem Leser zum wissenschaftlichen Nachdenken vorgelegt werde. Eine weitere Stellungnahme M e y e r s zu Parkinson's Law fehlt, obwohl sich M e y e r in diesem Kapitel in sachlicher Weise mit dem Problem der Ausweitung des Verwaltungskörpers auseinandersetzt.

Im gleichen Jahr wie P o u l M e y e r s „Administration Organisation" erschien in den Vereinigten Staaten die englische Ausgabe des Buches von F r i t z M o r s t e i n M a r x „The Administrative State", das jetzt (1959) unter dem Titel „Einführung in die Bürokratie" auch in deutscher Sprache vorliegt[12]). M o r s t e i n M a r x' Standpunkt zu Parkinson's Law ist zwiespältig. Obwohl er den Aufsatz im „Economist" zunächst als einen „heiteren Ausflug in

[10]) J. Kratzer, Parkinsons Gesetz über die Verwaltung, BayVBl. 1959 S. 374 ff.
[11]) Stevens & Sons Ltd. London/Nyt Nordisk Forlag Arnold Busck, Copenhagen 1957.
[12]) Hermann Luchterhand Verlag, Neuwied 1959.

das Gebiet halbernster Statistik" und — mit einem gewissen Vor-
behalt — als „Ulk" bezeichnet[13], spricht er an anderer Stelle „von
dem ‚unabänderlichen' Gesetz der stets zunehmenden Personalzahl,
das der Londoner ‚Economist' so überzeugend verkündet hat"[14]),
von der „brillant ausgedachten Theorie zum Anwachsen des Beamtentums" und gibt den Rat, über dem „Ulk" nicht „den Kern
der Wahrheit in ihm zu überblicken"[15]. Ja, er geht sogar so weit,
festzustellen, daß das Parkinsonsche Gesetz der Erweiterung bedarf. „Es macht", so meint er, „in aufhellender Weise klar, daß das
Beamtentum niemals stehen bleibt, ja, daß es nicht umhin kann,
Zoll um Zoll zu wachsen"[16]. In dieser Feststellung mag für die gegenwärtige Epoche staatlicher Entwicklung eine Wahrheit liegen,
jedoch kann die Feststellung nicht, wie M o r s t e i n   M a r x annimmt, durch das Parkinsonsche Gesetz erklärt werden. Das wird
noch näher auszuführen sein.

Auch ein französischer Gelehrter von internationalem Ansehen,
G e o r g e s L a n g r o d , hat sich in einem größeren Aufsatz mit der
„Loi de Parkinson" beschäftigt[17]). Seiner Darstellung des Parkin-
sonschen Gesetzes stellt er das Urteil voraus, daß es sich hier — im
Gegensatz zu anderen scheinbar ähnlichen Schriften in anderen
Sprachen — um das Ergebnis sehr ernsthafter Bemühungen handele,
das wirklich besondere Aufmerksamkeit und gründliche Diskussion
verdiene[18]). L a n g r o d hat an den beiden statistischen Beispielen
Parkinsons (britische Admiralität und britisches Kolonialministerium[19]) nichts auszusetzen, obwohl die Bedenken gegen diese Art
Verwendung statistischen Materials mit den Händen zu greifen
sind. Immerhin gibt er zu, daß einige Elemente der Formel, in der
Parkinson sein Gesetz ausgedrückt hat, Phantasiegebilde zu sein
scheinen und daß Parkinson sich insoweit einen Spaß gemacht hat.

---

[13]) a.a.O. S. 17, 18.
[14]) a.a.O. S. 132.
[15]) a.a.O. S. 17, 18.
[16]) a.a.O. S. 18.
[17]) La Revue Administrative, 1958 S. 582 ff.
[18]) a.a.O. S. 583: „A l'encontre d'autres écrits apparemment analogues dans
d'autres langues, il s'agit ici d'un résultat de recherches des plus sérieuses,
méritant certainement une attention particulière et une discussion appro-
fondie".
[19]) Zu dem Beispiel britischer Admiralität vgl. oben Anm. 2, zu dem Beispiel britisches Kolonialministerium die grundsätzlichen Einwendungen von
Gehlen, a.a.O. S. 1203.

Nichtsdestoweniger, so schließt er, wäre es unrichtig, sich nicht die Mühe zu machen, seine Untersuchungen zu überprüfen und seine Überlegungen als ganzes unbeachtet zu lassen. Welches Schicksal auch immer das Parkinsonsche Gesetz haben werde, das von nun an einer weltweiten Erörterung unterliege, das von ihm aufgeworfene Problem bestehe und werde immer wieder aufgegriffen werden und zu einem besseren Verständnis einer Frage führen, die eine Schlüsselfrage für jeden Verwaltungsbeamten und jeden Forscher auf dem Gebiet der Verwaltungswissenschaft darstelle[20]).

Eine ähnliche Bedeutung scheint auch E d u a r d R o s e n b a u m dem Buche beizumessen, der Parkinsons Gesetz mit ähnlichen „internationalen Schlagworten", wie „Untergang des Abendlandes" oder „Allgemeine Relativitätstheorie", vergleicht und davor warnt, anzunehmen, „daß sich das Studium des Buches erübrige, da ja ‚jeder', ähnlich wie bei Spengler, Einstein oder Marx, ohnehin genau wisse, was darin steht"[21]). Für R o s e n b a u m sind die von P a r k i n s o n zugrunde gelegte angebliche Entwicklung in der britischen Admiralität und im Kolonialamt und die von ihm entdeckte „Formel" Wahrheiten, so daß er dem Buche, wie bereits der Vergleich mit Marx, Spengler und Einstein andeutet, einen klassischen Rang einräumt. A r n o l d G e h l e n ist dieser Überschätzung schon mit der nötigen Deutlichkeit entgegengetreten[22]).

Durch diesen Überblick über den Widerhall, den Parkinsons Gesetz in Presse und Wissenschaft gefunden hat, glaube ich nachge-

---

[20]) a.a.O. S. 586: „Les éléments de sa formule mathématique peuvent parfois sembler fantaisistes. La façon dont Parkinson procède à la quantification de données peut même prêter à sourire (il est d'ailleurs plus que probable que cet effet est provoqué par lui de propos délibéré). Néanmoins il serait injuste de ne pas prendre la peine de contrôler ses expériences par des comparaisons valables et de négliger son raisonnement en entier. Le côté négatif de ce dernier (la rupture catégorique du lien de dépendance entre le nombre du personnel et le volume du travail), la thèse astucieuse du rattachement conscient des subordonnés afin d'éviter des rivaux et d'accroître son prestige au sein de la hiérarchie, la généralité de sa „loi" gardent leur valeur pratique et peuvent influencer la recherche théorique. Quel que soit l'avenir de cette „loi de Parkinson", désormais soumise à une discussion à l'échelle universelle, le problème tel qu'il a été posé, sera certainement repris et ne manquera pas de mener à une meilleure compréhension d'une question-clef pour tout administrateur et tout chercheur en science administrative".
[21]) Merkur 1959, Heft 199, S. 879 ff.
[22]) Vgl. Anm. 5.

wiesen zu haben, daß das Buch nicht einfach als ein guter oder schlechter Scherz beiseite gelegt werden kann. Der Einfluß, den es durch die Presse auf die Öffentlichkeit ausgeübt hat und noch immer ausübt, und die Tatsache, daß sich Gelehrte wie P o u l M e y e r , F r i t z M o r s t e i n M a r x , G e o r g e s L a n g r o d und andere mit ihm beschäftigt haben, nötigt dazu, uns mit diesem Buch auseinanderzusetzen. Bevor das geschehen kann, ist jedoch noch auf die Frage einzugehen, in welchem Umfange diese Auseinandersetzung vor einer Juristischen Gesellschaft sinnvoll erscheint.

2. Wie ich bereits einleitend bemerkt habe, kann das Thema des Vortrages kein Gegenstand rechtswissenschaftlicher Betrachtung sein. Parkinsons Gesetz ist, wenn es überhaupt besteht, kein juristisches Gesetz, sondern ein soziales Gesetz, ein Gesetz also, das nicht von einem Gesetzgeber erlassen, sondern in der Wirklichkeit des sozialen Lebens anzutreffen ist. Ob es „gilt", ist keine juristische Frage, sondern kann nur auf empirischem Wege festgestellt werden, und seine Geltung muß verneint werden, wenn die Erfahrung ihm widerspricht. Die Geltung des Parkinsonschen Gesetzes steht und fällt daher mit der Feststellung, ob die von ihm behauptete Selbstausweitung des öffentlichen Dienstes wirklich besteht und nach Lage der Dinge überhaupt bestehen kann. Würde eine Analyse der Gründe, die zu der Vermehrung des Verwaltungspersonals geführt haben, ganz andere Ursachen aufdecken als das Ausdehnungsstreben der Beamtenschaft selbst, so wäre seine Geltung jedenfalls durch eine mittelbare Beweisführung in Frage gestellt.

Die Frage nach den Gründen für die Vermehrung der Beamten und Angestellten im öffentlichen Dienst in den letzten hundert Jahren ist das eigentliche Problem, das hinter der skurrilen Formel des Parkinsonschen Gesetzes verborgen liegt. Es ist ein Problem von erheblicher Tragweite, weil die Ausweitung des öffentlichen Dienstes durch Vermehrung der Beamten und Angestellten eine ganze Reihe schwieriger Fragen aufwirft. Ihre unmittelbaren Folgen, die Erhöhung der Personalausgaben und damit die Belastung der steuerzahlenden Bürger, sind so evident, daß sie keiner weiteren Erörterung bedürfen. Wenn sich, wie wir wissen, die Zahl der Beamten und Angestellten in Deutschland zwischen 1913 und 1955, bezogen auf die Bevölkerungszahl, um 92 % erhöht, also fast verdoppelt hat[23]), so müssen sich auch die Personalausgaben entsprechend erhöht haben; auch das Verhältnis von Personalaufwand zu Sachaufwand kann sich verschoben haben. Diese Entwicklung ist zwangsläufig, wenn und soweit sich die Vermehrung des Verwaltungspersonals ganz oder doch zum größten Teil als zwangsläufig erweisen sollte.

Weniger offensichtlich, wenn auch nicht von geringerer Bedeutung sind die Folgen, die sich aus der Ausweitung des öffentlichen Dienstes auf die Leistungen der Beamten und ihr Berufsethos ergeben können. Wäre die Zahl tüchtiger und pflichttreuer Verwaltungsbeamter beliebig vermehrbar, so könnte die Ausweitung des Verwaltungspersonals allerdings keine nachteiligen Wirkungen auf den Leistungsstand und das Berufsethos haben. Hat sie dagegen eine optimale Höhe, so muß jede Vergrößerung über diese Höhe hinaus zu einem Leistungsabfall und zu einer Minderung des Berufsethos führen. Die entscheidende Frage wäre also, ob es einen solchen optimalen Umfang des Verwaltungspersonals überhaupt gibt und wie er für einen bestimmten Staat und eine bestimmte Zeit ermittelt werden kann. Die Erfahrungen aus der Zeit nach dem zweiten Weltkrieg, die in bestimmten Verwaltungszweigen einen Leistungsabfall und eine Lockerung des Berufsethos erkennen lassen, sind allerdings nicht verallgemeinerungsfähig, da diese Erscheinungen auf die — zeitbedingte — Einstellung von Kräften zurückzuführen sind, die als ungeeignet hätten erkannt werden können.

Wenn und soweit die Ausweitung des öffentlichen Dienstes auf Ursachen zurückzuführen wäre, die ganz oder doch teilweise zu beseitigen sind, könnte auch die Frage gestellt werden, ob die dann mögliche Einschränkung der Ausweitungstendenz durch gesetzliche

---

[23]) Diese und alle weiteren Zahlen sind dem umfangreichen Bericht über die Entwicklung des öffentlichen Dienstes in Deutschland 1876—1959 entnommen, den Reg.-Ass. Dr. Eckart Sturm an der Hochschule für Verwaltungswissenschaften Speyer unter meiner Leitung angefertigt hat. Die Veröffentlichung dieses Berichts und der auf der Verwaltungswissenschaftlichen Arbeitstagung vom 24. bis zum 26. September 1959 über das Thema „Die Ausweitung des öffentlichen Dienstes in der staatlichen und kommunalen Verwaltung — Ursachen, Folgen, Abhilfe —" gehaltenen Referate ist vorgesehen. Vgl. schon jetzt die Berichte über die Tagung von Zeidler, DVBl. 1959 S. 730 ff., Stich, DÖV 1960 S. 182 f., Rupp, JZ 1960 S. 68.

Maßnahmen erfolgen könnte. Ohne den Ergebnissen der späteren Überlegungen hier vorzugreifen, läßt sich schon jetzt die Feststellung treffen, daß die Maßnahmen zur Verminderung des Verwaltungspersonals auch gesetzliche Maßnahmen sein können. Dabei ist weniger an einen stets möglichen Personalabbau gedacht, der im Rahmen des geltenden Beamtenrechts durch haushaltsrechtliche Sparmaßnahmen erfolgen kann. Der offenkundige Zusammenhang zwischen Personalaufwand einerseits, Verwaltungsorganisation, Verwaltungsverfahren und verwaltungsgerichtlichem Rechtsschutz andererseits läßt vielmehr an verfassungs- und verwaltungsrechtliche Maßnahmen denken, die zu einer Verminderung des Personalaufwands beitragen könnten. Wegen der Zusammenhänge zwischen Leistungsfähigkeit der Beamtenschaft und Gestaltung des Beamtenrechts könnte auch eine Änderung der geltenden Beamtengesetze, insbesondere die strenge Durchführung des Leistungsgrundsatzes, in Betracht kommen.

Eine Untersuchung über die Ursachen der Ausweitung des öffentlichen Dienstes kann daher zu rechtspolitischen Überlegungen führen, die auf die verfassungsrechtliche Ordnung, die Organisation und das Verfahren der Verwaltung und der Verwaltungsgerichtsbarkeit und die rechtliche Regelung des Berufsbeamtentums von Einfluß sind. Damit erweist sich der Streit um das Parkinsonsche Gesetz als eine Frage, die auch den Juristen angeht. Sie ist zwar nach ihrem methodischen Standort keine Frage der interpretativen Rechtsdogmatik, sondern der Verwaltungslehre als einer nicht normativen, sondern deskriptiven Wissenschaft. Sie kann auch zur Lösung rechtsdogmatischer Probleme weder unmittelbar noch mittelbar etwas beitragen. Aber für die Entscheidung rechtspolitischer Fragen von grundsätzlicher Bedeutung kann sie einen nicht unwesentlichen Beitrag leisten. Schon allein dieser Umstand mag es rechtfertigen, sie im Rahmen eines Vortrages vor der Juristischen Gesellschaft näher zu behandeln.

Darüber hinaus kann die Verwaltungslehre den Anspruch erheben, als ein besonderer Zweig der Verwaltungswissenschaften gewertet zu werden. Ich kann der Frage der Berechtigung einer selbständigen Verwaltungswissenschaft hier nicht näher nachgehen. Sie ist in den internationalen Erörterungen der letzten Jahre wie-

derholt behandelt worden[24]). Ich verkenne auch nicht die methodo-
logischen Bedenken, die der Anerkennung einer selbständigen Verwaltungswissenschaft entgegenstehen, obwohl diese Bedenken von
einem großen Teil der angelsächsischen Wissenschaft, aber auch z.B.
von L a n g r o d[25]) nicht geteilt werden. An der Existenz einer
Verwaltungslehre als eines Zweiges der Verwaltungswissenschaften,
die mit deskriptiver Methode an ihren Gegenstand herantritt, können diese Zweifel nicht rühren. Auch wenn es keine Verwaltungswissenschaft geben kann, weil jede Wissenschaft durch die Methode
bestimmt wird, mit der sie ihren Gegenstand angeht, entspricht die
Verwaltungslehre durch die Einheit ihrer Methode den Anforderungen, die an eine Wissenschaft gestellt werden. Ihr Gegenstand
ist die öffentliche Verwaltung, deren vielfältige Erscheinungen und
Triebkräfte sie mit den Mitteln einer Seins- oder Wirklichkeits-
wissenschaft zu erforschen strebt. Diese Verwaltungslehre ist, jedenfalls in Deutschland, als selbständiger Wissenschaftszweig durch
die Entwicklung des Verwaltungsrechts und den Ausbau der Ver-
waltungsrechtswissenschaft seit einem Jahrhundert im Rückzug be-
griffen. Ansätze zu ihrer Belebung sind in den letzten Jahrzehnten
über ein Programm nicht hinausgekommen[26]). Diese Schwäche der
Verwaltungslehre erklärt zum Teil, wenn auch nicht allein, den
merkwürdigen Widerhall, den Parkinsons Buch in Deutschland und
anderwärts gefunden hat. Es fehlt an einer breiten systematischen
Aufhellung der ursächlichen Zusammenhänge, die in der Verwaltung, ihren Einrichtungen und ihren Funktionen bestehen. Damit
soll nicht gesagt sein, daß diese Zusammenhänge überhaupt nicht
erkannt und dargestellt würden. Es gibt solche Untersuchungen
schon; aber sie finden sich nur verstreut in verwaltungsrechtlichen
oder verwaltungspolitischen Arbeiten, in den Gutachten der Rech-
nungshöfe und in den Vorschlägen für eine Vereinfachung oder
Verbesserung der Verwaltung. Was nottut, ist eine systematische

---

[24]) Vgl. aus dem neuesten Schrifttum André Molitor, Les sciences sociales
dans l'enseignement supérieur. Administration publique. Rapport élaboré pour
l'UNESCO à la demande de l' Institut International des Sciences Administratives. UNESCO 1958, insbesondere S. 21 ff.; dort auch weitere Schrifttums-
angaben, vor allem auf die Abhandlung von Georges Langrod, Science
administrative ou sciences administratives? Annales Universitatis Saraviensis,
Rechts- und Wirtschaftswissenschaften V — 1 — 1956/1957 — S. 92 ff.
[25]) a.a.O. S. 119 ff.
[26]) Vgl. die eingehende Dartellung bei Erich Becker, Stand und Aufgaben
der Verwaltungswissenschaften, Festschrift für Friedrich Giese, 1953, S. 9 ff.

Forschungsarbeit, die bei dem riesigen Nachholbedarf, der hier besteht, kaum noch von einzelnen Gelehrten, sondern nur von Arbeitsgruppen geleistet werden kann, die mit der erforderlichen Zahl von Mitarbeitern ausgestattet sind. Daß in Deutschland ein solches verwaltungswissenschaftliches Forschungsinstitut fehlt und von den maßgeblichen Stellen in Bund und Ländern offenbar auch für unnötig gehalten wird[27]), beleuchtet am schärfsten die geradezu provinzielle Rolle, die Deutschland im Bereich der internationalen Verwaltungswissenschaften heute spielt. Wer im Herbst vorigen Jahres den XI. Internationalen Kongreß für Verwaltungswissenschaften in Wiesbaden besucht hat[28]), den ersten internationalen verwaltungswissenschaftlichen Kongreß, der überhaupt in Deutschland stattgefunden hat, hat sich davon überzeugen können. Es ist beschämend, daß Deutschland die verhältnismäßig geringfügigen Mittel, die zum Aufbau eines solchen Instituts notwendig wären, nicht aufzubringen vermag, obwohl es derartige Forschungsinstitute, von Frankreich, Großbritannien und den Vereinigten Staaten ganz zu schweigen, in zahlreichen anderen Staaten, wie Brasilien, Chile, Indien, Israel, Italien, Mexiko, den Niederlanden, Spanien und der Türkei, bereits gibt.

Parkinsons Buch fand daher in der deutschen Presse ein Publikum, dem die Methodik verwaltungswissenschaftlicher Forschung so fremd war, daß es die offensichtliche Unsinnigkeit seiner Beweisführung nicht erkannte. Die Rezensenten der großen Tageszeitungen, aber nicht nur sie, hielten sich für sachverständig genug, über das Buch ein Urteil abzugeben und die „Entdeckung" des Autors als eine wissenschaftliche Tat ersten Ranges zu preisen. Auf die politische Gefährlichkeit dieser Urteile für das Verhältnis der Bürger zu den Beamten und damit zur Stellung des Berufsbeamtentums in der Demokratie habe ich schon hingewiesen. Man hat sich deshalb — vielleicht nicht ohne Grund — schon die Frage vorgelegt, ob die Einstellung der Presse zum Parkinsonschen Gesetz auf bestimmten Vorurteilen beruht und gewissen Tendenzen dient. Auch das wäre eine Frage, die eine wissenschaftliche Untersuchung wert wäre. Der Einfluß, den das Parkinsonsche Gesetz oder, besser gesagt, der Nimbus, den es in der Öffentlichkeit erlangt hat, auf

---

[27]) Vgl. hierzu meine Besprechung der Schrift von Molitor (Anm. 24) im VerwArch. Bd. 50 S. 400 ff.
[28]) Vgl. den Bericht von Schrödter, VerwArch. Bd. 51 S. 79 ff.

Gesetzgebung und Verwaltungspolitik im Bereich des Personalwesens auszuüben vermag, sollte jedenfalls nicht unterschätzt werden. Er zwingt uns, die Geltung dieses Gesetzes für die deutsche Verwaltung nachzuprüfen.

II. Zur Methode der Untersuchung: Das Problem der Vergleichsmaßstäbe

1. Man würde P a r k i n s o n unrecht tun, wenn man seinem Gesetz jeden Wahrheitsgehalt absprechen wollte. Die beiden von ihm aufgestellten „Lehrsätze": „Jeder Beamte oder Angestellte wünscht die Zahl seiner Untergebenen, nicht aber die Zahl seiner Rivalen, zu vergrößern" und „Beamte oder Angestellte schaffen sich gegenseitig Arbeit" sind keineswegs so unsinnig wie das aus ihnen abgeleitete Gesetz. Allerdings hat wohl nur der erste Lehrsatz selbständige Bedeutung. Würde er unbedingt gelten, wie Parkinson annimmt, so wäre die in dem zweiten Lehrsatz niedergelegte Beobachtung seine kaum vermeidbare Folge. Daß er seelische Triebkräfte bezeichnet, die bei Beamten wie bei anderen Menschen anzutreffen sind, läßt sich schwerlich bestreiten. Die Frage ist nur, ob sie sich in einem Ordnungsgefüge wie der öffentlichen Verwaltung so ungehemmt auswirken können, daß sie zu der von P a r k i n s o n beschriebenen Stellenvermehrung führen. Das von ihm gegebene Beispiel und sein Ergebnis („Sieben Beamte tun jetzt, was zuvor einer allein tat") geht offenbar von der Voraussetzung aus, daß jedem Wunsche eines Beamten, die Zahl seiner Untergebenen zu vermehren, die Erfüllung dieses Wunsches auf dem Fuße folgt. Ich kann nicht beurteilen, ob solche utopischen Zustände in der britischen Verwaltung, die P a r k i n s o n seinen „statistischen Untersuchungen" zugrundelegt, vorhanden sind. In der deutschen Verwaltung bestehen diese Zustände jedenfalls nicht. Wer weiß, wie schwierig es für einen Behördenleiter ist, seine Wünsche nach Stellenvermehrung bei dem Ressortchef, dem Finanzministerium und der Regierung durchzubringen, und wie viele Klippen dann noch für die Regierung bestehen, die erforderliche Zustimmung des Parlaments zu erhalten, kann bestätigen, wie wenig das Bild einer ungehemmten Erfüllung jedes Wunsches nach Vermehrung der Beamten- oder Angestelltenstellen der Wirklichkeit entspricht. Selbst wenn die von P a r k i n s o n beschriebene Einstellung der Beamten vor-

handen wäre, könnte sie nicht die Wirkungen hervorrufen, die mit einer jährlichen Wachstumsrate von 5,75 %, was einer Verdoppelung des Verwaltungspersonals in 15 bis 20 Jahren entspräche, behauptet werden.

2. In Wirklichkeit hat sich die Zahl der Beamten und Angestellten im öffentlichen Dienst in längeren Zeiträumen nie um durchschnittlich 5,75 % jährlich vermehrt, auch nicht in Großbritannien. Wir wissen inzwischen (seit 1957) aus den Untersuchungen von Moses Abramovitz und Vera Eliasberg über „The Growth of Public Employment in Great Britain"[29], die das amerikanische „National Bureau of Economic Research" in der Zeit von 1951 bis 1956 hat anstellen lassen, daß die britische Verwaltung zwar von 1891 bis 1911 besonders stark zugenommen hat, daß die Vermehrung des Verwaltungspersonals aber zwischen 1921 und 1931 fast zum Stillstand gekommen ist und daß sie auch nach dem zweiten Weltkriege nicht den Zuwachs erreicht hat, den sie vor dem ersten Weltkriege aufzuweisen hatte. In dem Zeitraum von 40 Jahren zwischen 1911 und 1950 hat sich das Verwaltungspersonal in Großbritannien ohne die Streitkräfte und ohne die Eisenbahnbediensteten, für 1950 auch ohne die nationalisierten Unternehmen, fast verdreifacht, während die Bevölkerungszahl in der gleichen Zeit nur um 25 % gestiegen ist. 1911 entfielen daher auf 1000 Einwohner 21,6 Bedienstete, 1950 51. Bezogen auf die Bevölkerungszahl, hat sich das Verwaltungspersonal in dieser Zeit also mehr als verdoppelt. Das bedeutet eine jährliche Zuwachsrate von etwa 3,5 %. Diese Zuwachsrate liegt höher als in den Vereinigten Staaten und höher als in Deutschland. Nach dem Material, das Salomon Fabricant in seinem Buch „The Trend of Government Activity in the United States since 1900"[30] verarbeitet hat, ist das Verwaltungspersonal in den Vereinigten Staaten (einschließlich der privaten Telefon- und Telegraphengesellschaften) zwischen 1910 und 1950 nur um rund 2 % jährlich gestiegen. Etwa das gleiche Ergebnis liefert für Deutschland ein Vergleich zwischen den Jahren 1913 und 1955, bezogen auf die Bevölkerungszahl des Deutschen Reiches und der Bundesrepublik. Deshalb kommen 1950 in Großbritannien 51 Bedienstete auf 1000 Ein-

---

29) Princeton 1957.
30) New York 1952.

wohner, in den Vereinigten Staaten 37,9 und in der Bundesrepublik 32,6. Bei dieser Gegenüberstellung sind die Beamten und
Angestellten der Post überall mitgezählt worden, in den Vereinigten Staaten auch die Bediensteten der privaten Telefon- und
Telegraphengesellschaften, nicht dagegen die Streitkräfte, die Eisen-
bahn, die Sozialversicherungsträger, die öffentlich-rechtlichen
Kreditinstitute und — in Großbritannien — die nationalisierten
Industrien. Trotz der Schwierigkeiten, die hiernach einem Vergleich zwischen den drei Staaten überhaupt entgegenstehen, mag
dieses Ergebnis für manchen überraschend sein.

Auf die Gründe, die für die beschriebene Entwicklung in Großbritannien, in den Vereinigten Staaten und in Deutschland maß-
geblich sein mögen, kann hier nicht näher eingegangen werden.
Ihre Aufhellung würde eine eigene, sehr schwierige Untersuchung
erforderlich machen. Auch A b r a m o v i t z hat in dem Kapitel
seines Buches „Comparison of Government Employment in Great
Britain and the USA 1950—1955" keine befriedigende Erklärung
für die verschiedenen Entwicklungstendenzen der anglo-amerikani-
schen Verwaltung gegeben. Er hat lediglich festgestellt, daß die Industrialisierung nicht der einzige Grund für das Behördenwachstum
sein könne, weil sich die britische Verwaltung seit 1900 schneller
vergrößert habe als die amerikanische, obwohl die Industrialisierung in den Vereinigten Staaten in dieser Zeit ungleich größere
Fortschritte gemacht habe.

3. Die Feststellung, daß die jährliche Zuwachsrate des Verwaltungspersonals in Deutschland in der ersten Hälfte dieses Jahrhunderts rund 2 % beträgt, widerlegt zwar — was nach den bisherigen Ausführungen kaum noch überraschen dürfte — die beiden
Lehrsätze und das auf das sog. statistische Material gestützte und
in eine Formel gekleidete Parkinsonsche Gesetz, jedenfalls in seiner
Geltung für Deutschland, erklärt aber noch nicht, auf welche
Gründe denn nun diese Vermehrung des Verwaltungspersonals zurückzuführen ist.

Eine Untersuchung dieser Frage muß von einigen grundsätzlichen
Überlegungen ausgehen. Fast allen Erörterungen, die sich mit der
Zunahme des Verwaltungspersonals beschäftigen, liegt ausge-
sprochener- oder unausgesprochenermaßen das Axiom zugrunde, daß jede Zunahme der Beamten und Angestellten

im öffentlichen Dienst Bedenken erregen muß. Demgegenüber hat schon M o r s t e i n   M a r x betont, daß das Verwaltungspersonal „niemals stehen bleibt, — ja, daß es nicht umhin kann, Zoll um Zoll zu wachsen" —[31]). Daß diese These zeitlose Gültigkeit beanspruchen kann, bezweifle ich. Für den Staat der modernen Industriegesellschaft, also seit der ersten Hälfte des 19. Jahrhunderts, trifft sie, was auch die Statistik bestätigt, sicher zu. Man sollte sich also nicht darüber wundern, daß die Zahl der Beamten und Angestellten im öffentlichen Dienst ständig zunimmt, sondern müßte eher erstaunt sein, wenn sie stagnierte oder sogar zurückginge. Offenbar hat man früher an der Zunahme der Beamtenschaft keinen Anstoß genommen, obwohl sie sich vor 1900 in ungleich größerer Geschwindigkeit vollzogen hat als heute.

Um die Gründe, die zu dieser Entwicklung geführt haben, aufzudecken, reicht die bisher getroffene Feststellung, daß sich das Verwaltungspersonal in Deutschland in den letzten 40 Jahren fast verdoppelt hat, nicht aus. Eine solche Feststellung sagt über die Ursachen, die der Zunahme zugrundeliegen, nichts. Nur eine Untersuchung einzelner Verwaltungszweige über einen längeren Zeitraum hinweg ermöglicht es, diese Ursachen aufzudecken, weil nur sie erkennen läßt, worauf die Zunahme im einzelnen beruht. Deshalb muß der Personalbestand einzelner Verwaltungszweige, etwa der auswärtigen Verwaltung, der Polizeiverwaltung, der Forstverwaltung, der Schulverwaltung, zu verschiedenen Zeitpunkten miteinander verglichen werden; erst ein solcher Vergleich kann auf die Gründe führen, die das Anwachsen des Personals hervorgerufen haben.

Aber einem solchen Vergleich stehen erhebliche Schwierigkeiten entgegen. Zwar leuchtet es ein, daß ein Vergleich der absoluten Zahlen in zwei Vergleichsjahren zu unrichtigen Ergebnissen führen muß, wenn sich die Bevölkerungszahl zwischen diesen Vergleichsjahren wesentlich verändert hat. Denn daß der Verwaltungsaufwand und daher auch der Personalaufwand in einem Staat eine Funktion der Bevölkerungszahl ist, darf wohl als ein, wenn auch nicht Parkinsonsches Gesetz bezeichnet werden. Hat sich die Bevölkerung, wie in den Vereinigten Staaten, zwischen 1900 und 1950 verdoppelt, so kann man schon aus diesem Grunde nicht er-

---

[31]) a.a.O. S. 18.

warten, daß der Personalbestand unverändert geblieben ist. Hat
sich die Bevölkerung, wie bei einem Vergleich zwischen dem Deutschen Reich im Jahre 1913 und der Bundesrepublik im Jahre 1955
angenommen werden muß, um 15 % vermindert, so müßte sich die
geringere Bevölkerungszahl auch in der Zahl der Beamten und Angestellten widerspiegeln. Es bedarf daher einer Reduktion der absoluten Zahlen auf die Bevölkerungszahl, um überhaupt einen Vergleich durchführen zu können. Ob die Bevölkerungszahl der einzige Vergleichsmaßstab sein kann und ob sie der beste Vergleichsmaßstab ist, erscheint allerdings problematisch. Seit langem gehört
es zu den Erfahrungen der Kommunalverwaltung, daß der städtische,
der „kanalisierte" Bürger, mehr Aufwendungen erfordert als der
Einwohner ländlicher Gemeinden oder kleinerer Städte. Dabei handelt es sich nicht nur um Sachaufwendungen, sondern auch um Aufwendungen personeller Art. Man könnte daher daran denken, auch
die Bevölkerungsdichte als Vergleichsmaßstab heranzuziehen. Sie
betrug 1913 im Deutschen Reich 124, 1955 in der Bundesrepublik
204 Einwohner je qkm. Würde man die Zahl des Verwaltungspersonals nicht auf die Bevölkerungszahl, sondern auf die Bevölkerungsdichte beziehen, so hätte sich das Verwaltungspersonal
in der Zeit von 1913 bis 1955 nicht verdoppelt, sondern wäre
ungefähr gleich geblieben, ein verblüffendes Ergebnis, das zeigt,
welche Bedeutung der Wahl des Vergleichsmaßstabs zukommt.
Auch die Gemeindegrößenklassen könnten als Vergleichsmaßstab
dienen. 1910 lebte im Deutschen Reich 40 % der Bevölkerung
in Gemeinden unter 2000 Einwohnern, 34,6 % in Gemeinden über
20 000 Einwohnern, 1956 im Bundesgebiet 25 % der Bevölkerung
in Gemeinden unter 2000 Einwohnern und 46,2 % in Gemeinden
über 20 000 Einwohnern. Daß sich dieser Strukturwandel auch auf
den Umfang des Verwaltungspersonals auswirken muß, liegt auf
der Hand. Weitere Vergleichsmaßstäbe könnten das Volumen der
öffentlichen Haushalte und das Sozialprodukt sein[32]. So betrugen
die unmittelbaren Ausgaben von Reich/Bund, Ländern, Gemeinden
und Gemeindeverbänden 1913 im Reichsgebiet rund 7 Milliarden
Mark, 1955 im Bundesgebiet einschließlich Berlin rund 52 Milliarden DM. Selbst wenn man die verschiedene Kaufkraft der Geldein-
heit in den beiden Vergleichsjahren berücksichtigt, kommt man zu

---

[32]) Hierauf hat schon Gehlen, a.a.O. S. 1202 hingewiesen.

dem Ergebnis, daß sich das Haushaltsvolumen in dieser Zeit mindestens verdreifacht hat. Denn der Preisindex für die Lebenshal-
tung hat sich von 1914 bis 1956 von 100 auf 176, der Index der
Rohstoffpreise von 100 auf 235, der Index der Brutto-Wochen-
verdienste der Industriearbeiter sogar von 100 auf 346 erhöht. An
der Entwicklung der öffentlichen Haushalte gemessen, ist die Verdoppelung des Verwaltungspersonals also keineswegs auffällig.
Auch das Sozialprodukt hat sich im jetzigen Bundesgebiet zwischen
1925 und 1956 mindestens vervierfacht. Welchen Anteil am
Sozialprodukt die Ausgaben für das Verwaltungspersonal früher
ausgemacht haben, läßt sich leider nicht feststellen, da Zahlen-
material dafür nicht zur Verfügung steht. Im Jahre 1956 betrugen
die Personalausgaben der Hoheits- und Kämmereiverwaltungen
(einschließlich der Versorgungslasten) in Bund, Ländern, Gemeinden und Gemeindeverbänden rund 13,5 Milliarden DM, d. s. etwa
7 % des Brutto-Sozialprodukts.

Neben Bevölkerungszahl, Bevölkerungsdichte, Haushaltsvolumen
und Sozialprodukt kommen auch noch andere Vergleichsmaßstäbe
in Betracht. G e h l e n[33] hat mit Recht darauf hingewiesen, daß die
„Ereignismassen" innerhalb eines Dienstzweiges, z. B. bei der Post,
einen Vergleichsmaßstab bilden könnten. Ich werde auf diesen Ge-
sichtspunkt noch zurückkommen.

4. Er führt nämlich auf ein Problem, das bei dieser Untersuchung nicht außer Acht gelassen werden darf. Ausgangspunkt
unserer Überlegungen war die Feststellung, daß sich das Verwaltungspersonal in Deutschland, bezogen auf die Bevölkerungszahl,
in den letzten 40 Jahren fast verdoppelt hat. Die bisher erörterten
Vergleichsmaßstäbe: Bevölkerungsdichte, Gemeindegrößenklassen,
Haushaltsvolumen und Sozialprodukt, können als allgemeine Vergleichsmaßstäbe bezeichnet werden. Zur Aufhellung der Ursachen
für die Vermehrung des Verwaltungspersonals kann man bei ihnen
aber nicht stehen bleiben. Es gibt Verwaltungszweige, deren
Wachstum auch noch durch andere Umstände bestimmt wird als
durch die, die in den allgemeinen Vergleichsmaßstäben zum Aus-
druck kommen. Hiernach müssen auch besondere Vergleichsmaßstäbe in die Untersuchung einbezogen werden. So wird man z. B.
davon ausgehen dürfen, daß für den personellen Umfang der

---

[33] a.a.O. S. 1202.

Forstverwaltung die Größe des Waldbestandes von Bedeutung ist, wenn auch wohl nicht allein. Würde sich der Waldbestand eines Landes ständig vermindern, so wäre zu erwarten, daß auch das Forstpersonal zurückginge, wenn man nicht die Geltung des Parkinsonschen Gesetzes auch für die Forstverwaltung annehmen wollte. Dieser Rückgang könnte allerdings dadurch kompensiert werden, daß sich in dem gleichen Zeitraum die Methoden der Forstwirtschaft geändert (z. B. intensiviert) und einen höheren Personalaufwand verursacht hätten. Offenbar spielt diese Möglichkeit für den hier ins Auge zu fassenden Zeitraum keine große Rolle. Das muß man daraus schließen, daß sich der Umfang des Forstpersonals seit 1900 nur unwesentlich geändert hat. So ist z. B. in Baden, für das Zahlen von 1892 bis 1942 vorliegen, die Zahl der planmäßigen Forstbeamten von 418 im Jahre 1892 auf 454 im Jahre 1942 angestiegen; das bedeutet eine jährliche Zuwachsrate von 0,17 %. Ähnliche Zahlen ergeben sich für andere Länder, z. B. für Preußen, wo die Beamten und Angestellten erfaßt sind, zwischen 1928 und 1939 0,54 %, Bayern zwischen 1923 und 1942 0,12 %. Etwa seit 1950 ist die Personalbewegung in fast allen deutschen Forstverwaltungen rückläufig. Dieser Stetigkeit im Bestand des Personals entspricht die fast unverändert gebliebene Lage im Waldbestand. 1883 gab es im Deutschen Reich 13,9 Millionen Hektar Waldfläche, 1913 14,2, 1927 (infolge der Gebietsabtretungen nach dem ersten Weltkrieg) 12,7, 1939 (nach dem Gebietsstand vom 31. 12. 1937) 13 Millionen. Ähnlich verlief die Entwicklung im Gebiet der Bundesrepublik. 1938 gab es dort 6,93 Millionen Hektar Waldfläche, 1956 6,98 Millionen. Die Industrialisierung und die Ausdehnung der Großstädte hat also nicht zu einer wesentlichen Veränderung der Waldfläche geführt, da mehr Ödland aufgeforstet worden ist, als Waldboden durch Abholzung verlorenging[34].

Für die Schulverwaltung könnte neben dem allgemeinen Vergleichsmaßstab der Bevölkerungszahl die Klassenfrequenz von Bedeutung sein. Daß die Zahl der Lehrer bei unveränderter Klassenfrequenz der Bevölkerungszahl folgen muß, versteht sich von selbst. Geht jedoch mit der Zunahme ein Sinken der Klassenfrequenz

---

[34] Einzelheiten über die Entwicklung des Personalbestandes in der Fortverwaltung bei Sturm, a.a.O., Drittes Kapitel: Die personelle Entwicklung in verschiedenen Verwaltungszweigen, 6. Forstbehörden.

Hand in Hand, so muß die Zahl der Lehrer stärker anwachsen, als das der Zunahme der Bevölkerung entspricht. Auch die Herabsetzung der Pflichtstundenzahl der Lehrer muß zu einer weiteren Erhöhung des Lehrpersonals führen.

Der von G e h l e n sog. Maßstab der „Ereignismassen" kann nur auf einzelne Verwaltungszweige bezogen werden und ist nur auf solche Verwaltungen verwertbar, in denen die Verwaltungsleistungen im wesentlichen gleich und daher meßbar sind. Daher ist dieser Vergleichsmaßstab vor allem im Bereich der Betriebsverwaltungen angebracht. So ist z. B. in Bremen[35] das Personal (Beamte und Angestellte) der Gas-, Wasser- und Elektrizitätswerke zwischen 1874 und 1899 von 27 auf 78 gestiegen, hat sich in dieser Zeit also fast verdreifacht. In der gleichen Zeit hat sich die bremische Bevölkerung nur verdoppelt (1867: 101 000, 1900: 203 000 Einwohner). Die Gaserzeugung zwischen 1873 und 1900 ist aber um 214 %, die Wasserabgabe um 360 % und der Stromverbrauch um 575 % gestiegen. Würde man die Personalvermehrung nur auf die Bevölkerungszahl beziehen, käme man hier also wohl zu einem unrichtigen Ergebnis. Ähnliche Feststellungen werden sich für alle Betriebsverwaltungen treffen lassen. So ist z. B. der Personalbestand der Bundespost[36] von 1950 bis 1958 um etwa 25 % gestiegen, während sich die Bevölkerung in dieser Zeit nur unwesentlich vermehrt hat. 1955 entfielen aber z. B. auf einen Einwohner 120, 1957 136 beförderte Briefsendungen, und der Paketverkehr mit dem Ausland stieg von 1,4 Millionen Stück im Jahre 1950 auf 6,7 Millionen Stück im Jahre 1957. Auch die Leistungen im Postreisedienst, im Postscheckdienst, im Postsparkassendienst, im Telegraphendienst und im Funkdienst stiegen erheblich an. Würde man die Vermehrung des Postpersonals nicht an der Bevölkerungszahl, sondern an diesen „Ereignismassen" messen, so würde die absolute Erhöhung des Personals in sich zusammenfallen.

---

[35] Über Bremen vgl. den Bericht von Sturm, a.a.O., Zweites Kapitel: Die Entwicklung der öffentlichen Verwaltung in den einzelnen Ländern seit dem 19. Jahrhundert. I. Die öffentliche Verwaltung vor dem Ersten Weltkrieg. 1. Deutschland. g) Bremen, II. die Entwicklung der öffentlichen Verwaltung von 1914—1945. 1. Deutschland. g) Bremen, ferner Manfred Leist, Das Wachstum der bremischen Behörden-Organisation 1850—1950; Kieler Dissertation 1956.
[36] Nach einer Auskunft des Bundesministeriums für das Post- und Fernmeldewesen vom 11. 2. 1959.

B r u n n e r[37] hat vor einigen Jahren in einem sehr instruktiven
Schaubild die Zuwachsrate der Eingänge und der Arbeitskräfte bei
der Regierung von Oberbayern in den Jahren von 1950 bis 1955
dargestellt. Aus dieser Darstellung ergibt sich, daß die Zahl der
Eingänge bei einer Bezirksregierung von unter 400 000 auf über
600 000 jährlich, also um etwa 60 %, gestiegen ist. In der gleichen
Zeit ist die Zahl der Beamten und Angestellten von unter 300 auf
über 400, d. h. nur um rund 40 %, angewachsen. Würde man hier
die Bevölkerungszahl zum Maßstab nehmen, so würde sich eine
jährliche Zuwachsrate ergeben, die zu ganz falschen Schlüssen
führen muß, da sie die Gründe für die Personalvermehrung nicht erkennen läßt.

III. Ursachen der Vermehrung des Verwaltungspersonals

Die allgemeinen Vergleichsmaßstäbe, wie Bevölkerungszahl, Bevölkerungsdichte, Gemeindegrößenklassen, Haushaltsvolumen und
Sozialprodukt, und die besonderen Vergleichsmaßstäbe, wie Waldbestand bei der Forstverwaltung, Klassenfrequenz in der Schulverwaltung, „Ereignismassen" bei den Betriebsverwaltungen, lassen
bereits die Ursachen erkennen, die zu der Vermehrung des Verwaltungspersonals in den letzten hundert Jahren geführt haben.
Sie legen die Annahme nahe, daß dieser Prozeß nicht erst mit dem
ersten Weltkriege eingesetzt, sondern schon um die Mitte des
vorigen Jahrhunderts begonnen hat, d. h. in einem Zeitpunkt, in
dem die Verwaltung in Staat, Gemeinden und Gemeindeverbänden
die Aufgaben in Angriff zu nehmen hatte, die durch die Umwand-
lung des Agrarstaates zum Industriestaat und durch die fortschrei-
tende Industrialisierung der Gesellschaft entstanden waren.

1. Vergleicht man die Bevölkerungsentwicklung[38] zwischen 1816
und 1900 mit der zwischen 1900 und 1939, so zeigt sich, daß sich
die Bevölkerung im 19. Jahrhundert sehr viel stürmischer vermehrt
hat als später. Sie betrug 1816 im ehemaligen Reichsgebiet nach
dem Stand vom 31. Dezember 1937 rund 22 Millionen, 1900 rund
50 Millionen, hatte sich in rund achtzig Jahren also mehr als verdoppelt. Dagegen hat sich die Bevölkerung von 1900 bis 1939 nur

---

[37]) Gotthard Brunner, Personalpolitik und Verwaltungsreform, VerwArch.
Bd. 48 S. 126 ff.
[38]) Bevölkerung und Wirtschaft. Langfristige Reihen 1871—1957 für das
Deutsche Reich und die Bundesrepublik Deutschland, Band 199. Stuttgart o. J

von 50 auf 69 Millionen, also nur noch um 23 %, vermehrt. Die Bevölkerungsdichte betrug 1816 47 Einwohner, 1871 77 Einwohner, 1900 108, 1925 134 und 1956 (im Bundesgebiet) 206 Einwohner auf den qkm. Auch hier liegen, wenn man die normale Entwicklung in der Bundesrepublik seit 1950 außer Betracht läßt, die entscheidenden Veränderungen in der Zeit vor dem ersten Weltkriege. Das wird bestätigt durch einen Vergleich der Gemeindegrößen. 1871 lebte 63,5 % der Bevölkerung im jetzigen Bundesgebiet in Gemeinden unter 2000 Einwohnern, 1925 34,4 %, 1956 nur noch 25 %. In Städten über 20 000 Einwohnern lebte 1871 12,6 % der Bevölkerung, 1925 40,4 %, 1956 46,2 %. Die Zunahme der Bevölkerung, der Bevölkerungsdichte und der großen Städte muß aber zwangsläufig eine erhebliche Vermehrung des Verwaltungspersonals herbeigeführt haben. Diese Annahme wird durch statistisches Material, das für die Zeit vor dem ersten Weltkriege vorliegt, bestätigt. So ergibt sich aus den badischen Staatshaushaltsplänen[39], daß sich die Zahl der planmäßigen Beamten zwischen 1894/95 und 1912/13 um 60 % vermehrt hat, während die badische Bevölkerung in der gleichen Zeit nur um etwa 30 % gestiegen ist. Bezogen auf die Bevölkerungszahl, wäre eine jährliche Zuwachsrate von über 1 % festzustellen. In der gleichen Zeit sind aber in Baden die öffentlichen Ausgaben um über 60 % angewachsen, so daß, bezogen auf das Haushaltsvolumen, keine Vermehrung des Verwaltungspersonals festzustellen wäre. Offensichtlich hängt die Zunahme des Verwaltungspersonals also mit einer Erhöhung der staatlichen Leistungen zusammen. Dieser Schluß wird durch die Feststellung bestätigt, daß die Beamten der badischen Finanzverwaltung in der fraglichen Zeit nur um 16 % angewachsen sind, was wohl auf den hohen Anteil der Zollbeamten in der badischen Finanzverwaltung zurückzuführen ist, während sich die Zahl der Beamten in der inneren Verwaltung um etwa 65 % vermehrt hat. Hier fällt besonders die außerordentliche Ausdehnung der gewerblichen Fachschulen auf, deren Lehrkräfte sich in dem fraglichen Zeitraum verzehnfacht haben, offensichtlich eine Folge der Industrialisierung und ihrer erhöhten Anforderungen.

---

[39] Vgl. den Bericht von Sturm, a.a.O., Zweites Kapitel: Die Entwicklung der öffentlichen Verwaltung in den einzelnen Ländern seit dem 19. Jahrhundert. I. Die öffentliche Verwaltung vor dem Ersten Weltkrieg. 1. Deutschland. e) Baden.

Welches Ausmaß die Zunahme des Verwaltungspersonals damals in den Großstädten angenommen hat, läßt sich am Beispiel der Stadt Mannheim[40] zeigen. Für Mannheim ist die Entwicklung der Einwohnerschaft, der Zahl der Beamten und des Besoldungsaufwandes für die Zeit von 1870 bis 1905 bekannt. In diesem Zeitraum stieg die Bevölkerungszahl der Stadt von rund 40 000 auf 155 000, also um etwa 300 %, und die Zahl der Beamten von 48 auf 717, also um etwa 1400 %. Im Jahre 1870 entfiel ein Beamter auf 825 Einwohner, im Jahre 1905 auf 216 Einwohner. Der Besoldungsaufwand betrug 1870 61 000 Mark, 1905 1 341 000 Mark, auf den Kopf der Bevölkerung 1870 1,53 Mark, 1905 8,64 Mark, also fast sechsmal so viel. Bezogen auf die Bevölkerungszahl, hätte sich die Zahl der Beamten also fast verfünffacht. Man käme hier auf eine jährliche Zuwachsrate von 10 bis 15 %. Bezieht man dagegen den Besoldungsaufwand auf die gesamten Ausgaben der Stadt, so ergibt sich, daß sich dieses Verhältnis in dem Zeitraum zwischen 1870 und 1905 nicht wesentlich geändert hat. Es betrug im Jahre 1870 7,3 %, im Jahre 1905 7,61 %. Diese Feststellung bestätigt die Abhängigkeit, die zwischen der Vermehrung des Verwaltungspersonals und den Leistungen der Verwaltung besteht. In dieser Zeit wurden in Mannheim die wichtigsten Versorgungseinrichtungen geschaffen: Wasserleitung, Elektrizitätswerk, Pferdebahn, Dampfstraßenbahn, Schlachthof, Fäkalienabfuhr. Gleichzeitig wurde das Volksschulwesen dadurch verbessert, daß die Zahl der Lehrer im Verhältnis zur Schülerzahl vermehrt und die Klassenfrequenz gesenkt wurde. 1880/81 kamen noch 68 Schüler auf einen Lehrer, 1906/07 nur noch 41. Die Klassenfrequenz betrug 1880/81 52, 1906/07 43.

2. Der hier bereits in groben Zügen sichtbare Zusammenhang zwischen der Zunahme des Personals und den Leistungen der staatlichen und kommunalen Verwaltung bedarf jedoch im Hinblick auf die Entwicklung seit dem Ende des ersten Weltkrieges noch weiterer Aufhellung. Auch wenn die Zunahme der Beamten und Angestell-

---

40) Vgl. den Bericht von Sturm a.a.O., Zweites Kapitel: Die Entwicklung der öffentlichen Verwaltung in den einzelnen Ländern seit dem 19. Jahrhundert. I. Die öffentliche Verwaltung vor dem Ersten Weltkrieg. 1. Deutschland. f) Mannheim, ferner die Geschichte Mannheims, im Auftrage des Stadtrates bearb. von Prof. Dr. Friedrich Walter (1. und 2. Band) und vom Statistischen Amt (3. Band), Mannheim 1907.

ten der Hoheits- und Kämmereiverwaltungen von rund 644 000 im
Jahre 1913 auf rund 1 Million im Jahre 1955 oder — bezogen auf
die Bevölkerungszahl — von 10,6 auf 1000 Einwohner im Jahre
1913 auf 20,3 im Jahre 1955 auf Grund der früheren Entwicklung
und der Entwicklung in anderen Staaten zu erwarten war und
daher alles andere als beunruhigend ist, müssen die Gründe, die
sie bewirkt haben, näher untersucht werden. Denn nur wenn man
weiß, welche Gründe an dieser Ausweitung des Verwaltungspersonals beteiligt sind, kann man entscheiden, ob der ständigen
Zunahme der Beamten und Angestellten überhaupt entgegenge-
wirkt werden kann oder ob nicht Ursachen vorliegen, die unter
den gegenwärtigen Verhältnissen als unabänderlich anzusehen sind.

Man kann allgemeine Überlegungen darüber anstellen, welche
Umstände für die Zunahme des Verwaltungspersonals ursächlich
sein könnten. Solche Überlegungen müssen etwa zu der Feststellung
führen, daß die Vermehrung der Verwaltungsleistungen auch eine
Vermehrung des Verwaltungspersonals notwendig macht. Wenn
die öffentliche Verwaltung neue Aufgaben übernimmt oder über-
tragen erhält, so bedarf sie zur Erfüllung dieser Aufgaben auch des
entsprechenden Personals. Jede freiwillige Übernahme oder gesetzliche Zuweisung neuer Aufgaben muß daher den Umfang des
öffentlichen Dienstes zwangsläufig vergrößern. Als die Kommunen
im 19. Jahrhundert das früher vorwiegend kirchlich und privat
organisierte Armen-, Krankenhaus- und Schulwesen übernahmen,
führte dieser Schritt selbstverständlich zu einer Vermehrung der
kommunalen Bediensteten.

Entsprechendes gilt im Bereich der Betriebsverwaltungen, wie
das Mannheimer Beispiel zeigt, für die gemeindliche Wasser-, Gas-
und Elektrizitätsversorgung, für die gemeindlichen Verkehrs-
betriebe usw. Die Einführung und der Ausbau der Sozialversiche-
rung, die Kriegsopferversorgung, der Lastenausgleich, die Wohn-
raumbewirtschaftung, die 131er Gesetzgebung und die politische
Wiedergutmachung sind die größten und umfangreichsten Beispiele
für die Übernahme neuer Aufgaben. Daß die Erfüllung solcher Aufgaben nicht mit dem bisherigen Personalbestand erfolgen kann,
versteht sich von selbst. Die Vermehrung des Verwaltungspersonals
ist also eine unausweichliche Folge der Entwicklung des modernen
Staates zum sozialen Wohlfahrts- und Versorgungsstaat. An ihr

kann die Verwaltung selbst am wenigsten ändern. Sie hat auch mit einem angeblichen Ausdehnungsdrang der Beamtenschaft nichts zu tun. Aber auch der Gesetzgeber, der der Verwaltung diese neuen Aufgaben stellt und auch die erforderlichen Beamtenstellen bewilligen muß, ist hier nicht wirklich frei. Vieles, was getan wird, ergibt sich aus dem Zwang der politischen und sozialen Verhältnisse, die eine Rückkehr des Staates zu der früheren wirtschaftlichen und sozialen Zurückhaltung ausgeschlossen erscheinen läßt.

Neben der Übernahme neuer Aufgaben durch die Verwaltung steht die rein mengenmäßige Steigerung ihrer bisherigen Leistungen. Die „Ereignismassen", von denen schon die Rede war, ändern sich zwar nicht, nehmen aber an Umfang zu. Die Gründe für eine solche Erscheinung liegen in der wirtschaftlichen und technischen Entwicklung, mit denen die Verwaltung Schritt halten muß. So ist z. B. die Bevölkerung im Reichsgebiet zwischen 1900 und 1914 nur um rund 10 Millionen, d. h. um etwa 18 %, gewachsen, die von der Post beförderten Briefsendungen sind aber von 3,2 auf 5,8 Millionen gestiegen, also um etwa 80 %. 1900 wurden 0,5 Milliarden Ortsgespräche und 43 Millionen Ferngespräche geführt, 1914 1,8 Milliarden Ortsgespräche und 200 Millionen Ferngespräche[41]. Der Fernsprechverkehr hat sich in diesem Zeitraum also vervierfacht. Noch stürmischer ist die Entwicklung vor 1900 verlaufen. Die für die Stadt Mannheim vorliegenden Zahlen für die Jahre 1875 bis 1905 ergeben, daß sich die Zahl der Briefsendungen von rund 9 Millionen auf rund 66 Millionen erhöht, also etwa versiebenfacht hat[42]. In der gleichen Zeit hat sich die Einwohnerzahl der Stadt nur vervierfacht.

Daß solche außerordentlichen Leistungssteigerungen nur durch eine entsprechende Personalvermehrung möglich sind, liegt auf der Hand. Sie konnten bei der Post zum Teil durch technische Rationalisierungsmaßnahmen aufgefangen werden, beim Fernsprechverkehr z. B. durch die Einführung und den Ausbau des Selbstwählbetriebes. Überhaupt bieten die Betriebsverwaltungen für die technische Rationalisierung den günstigsten Boden.

Ein weiterer Grund für die Personalvermehrung ist die Verbesserung der Verwaltungsleistungen. Gewiß sind viele Verbesse-

---

41) Sturm, a.a.O., Anm. 28.
42) Sturm, a.a.O., Übersicht 12.

rungen in den Verwaltungsleistungen ohne Vermehrung des Verwaltungspersonals möglich und können, wie das Beispiel des Selbstwählbetriebes in der Post zeigt, sogar zu Verminderungen des Personals führen. Oft ist die Verbesserung der Leistungen aber nur durch erhöhten Personalaufwand möglich. Ein Beispiel für eine solche Verbesserung der Verwaltungsleistungen bietet etwa das Schulwesen. Auf die Bedeutung der Klassenfrequenz und der Pflichtstundenzahl habe ich schon hingewiesen. Man wird davon ausgehen dürfen, daß die Unterrichtsleistung steigt, wenn die Zahl der Schüler auf einen Lehrer und damit die Klassenfrequenz sinkt. Dieser Erfolg kann aber nur durch eine Vermehrung der Lehrkräfte herbeigeführt werden. Wer eine bessere Schule will, muß sich also darüber klar sein, daß dieses Ergebnis nicht ohne Vermehrung der Lehrkräfte und damit der Ausgaben erreicht werden kann. Eine bessere Verwaltung ist eben in der Regel auch teurer. Das ist eine solche Binsenwahrheit, daß man sich scheute, sie auszusprechen, wenn nicht die Öffentlichkeit von der Verwaltung offenbar das Wunder erwartete, stets bessere Leistungen ohne höhere Kosten zu produzieren.

Andere Beispiele für die Verbesserung der Verwaltungsleistungen ließen sich anfügen. Ich möchte hier nur noch auf ein Beispiel von grundsätzlicher Bedeutung hinweisen. Man wird, unter rechtsstaatlichen Gesichtspunkten, in der Einführung der verwaltungsgerichtlichen Generalklausel, ganz abgesehen von ihrer unmittelbaren Bedeutung für den Rechtsschutz, auch eine Verbesserung der Verwaltungsleistungen erblicken können. Die gerichtliche Anfechtbarkeit jedes Verwaltungsaktes muß für die Verwaltung zur Folge haben, daß der einzelne Bescheid erst nach sorgfältiger Prüfung der Sach- und Rechtslage ergeht, daß ein etwaiger Widerspruch eine nochmalige Überprüfung herbeiführt und daß die Klage schließlich weitere Ermittlungen erforderlich machen kann. Daß diese Verbesserungen im Verwaltungsablauf mit einem höheren Personalaufwand bezahlt werden müssen, kann nicht ernstlich in Zweifel gezogen werden, auch wenn sich dieser zahlenmäßig nur schwer nachzuweisen läßt. Eine rechtsstaatliche Verwaltung ist deshalb durchaus nicht die einfachste und billigste Verwaltung. Vereinfachung und Verbilligung der Verwaltung und rechtsstaatliche Gestaltung des Verwaltungsablaufs sind sogar Gegensätze, die sich nur zum

Teil ausgleichen lassen. Wenn man den Rechtsstaat auch in der Verwaltung verwirklichen will, muß man also dafür einen gewissen Preis zahlen, der sich, wenn auch nicht nur, auch in einem erhöhten Personalaufwand auswirkt. Damit soll nicht jeder Umständlichkeit des Verfahrens das Wort geredet werden. Es gibt Wege, dem Gedanken einer einfachen und billigen Verwaltung Rechnung zu tragen, ohne dabei den Rechtsstaat in Gefahr zu bringen. Der gegenwärtige Ausbau des Instanzenzuges in der allgemeinen Verwaltungsgerichtsbarkeit und in der Sozialgerichtsbarkeit kann vielleicht als Beispiel dafür gelten, daß man den Rechtsstaatsgedanken auch übertreiben kann[43]).

Die mit der Übernahme neuer Verwaltungsaufgaben, der mengenmäßigen Steigerung und der qualitativen Verbesserung der Verwaltungsleistungen verbundene Vermehrung des Verwaltungspersonals ist eine zwangsläufige Folge der durch die soziale Entwicklung, die Verfassung und die Gesetzgebung getroffenen Entscheidungen. Sind sie unabänderlich, so muß man auch die dadurch bedingte Zunahme des Verwaltungspersonals in Kauf nehmen[44]). Das gilt auch für die föderalistische Struktur unseres Staatswesens. Wer sie aus politischen Gründen einem unitarischen Staatsaufbau vorzieht, wird sich nicht dadurch in seiner Überzeugung irre machen lassen, daß ein föderalistischer Staat unter Umständen teurer ist als ein unitarischer. So wenig die Entscheidung für oder gegen den Rechtsstaat unter fiskalischen Gesichtspunkten erfolgen darf, kann der föderalistische oder der unitarische Staatsaufbau zum Gegenstand eines bloßen Rechenexempels gemacht werden.

Jedoch spielt diese Kostenfrage bei den Anhängern und den Gegnern des Föderalismus in der deutschen Öffentlichkeit eine so erhebliche Rolle, daß man ihr in einer Untersuchung der Gründe, die

---

43) Vgl. zu dieser Frage den Bericht der Sachverständigenkommission für die Vereinfachung der Verwaltung beim Bundesministerium des Innern. B. Zweiter Teil: Einzelgebiete. II. Verwaltungsverfahren und Verwaltungsgerichtsbarkeit. 2. Organisation und Verfahren der Verwaltungsgerichte.

44) Vgl. auch Servais, Die Besoldung in der öffentlichen Finanzwirtschaft (Handbuch der Finanzwissenschaft, Band 2, 1956 S. 42 ff.), S. 77: „Es ist vollkommen unsinnig, eine Verringerung der öffentlichen Ausgaben zu fordern, wenn man nicht dafür eintritt, daß der Staat einige seiner Tätigkeitsbereiche aufgibt, die derartige Kosten verursachen. Anders ausgedrückt, der Staat muß seine Politik nach seinen Mitteln richten oder er muß die Mittel für seine Politik haben".

zu der Personalvermehrung im öffentlichen Dienst geführt haben,
nicht aus dem Wege gehen kann. Es bedarf allerdings einer sehr
gründlichen Prüfung der Frage, ob der unitarische oder der föderalistische Aufbau eines Staatswesens den gesamten Personalaufwand
der öffentlichen Verwaltung in nennenswerter Weise beeinflußt.
Dabei müssen freilich die für die Öffentlichkeit ins Auge springenden Verhältnisse in der politischen Leitung außer Betracht bleiben,
da sie den Umfang des Verwaltungspersonals nicht wesentlich berühren. Daß ein Einheitsstaat weniger Minister und Abgeordnete
hat als ein Bundesstaat, läßt sich nicht bestreiten. So gab es z.B.
in den drei früheren Ländern des heutigen Landes Baden-Württemberg 1951 zwei Staatspräsidenten, einen Ministerpräsidenten und
zwanzig Minister, 1953 im neuen Staat nur noch einen Ministerpräsidenten und acht Minister. Vorher hatten die drei Länder zusammen 220 Landtagsabgeordnete, jetzt hat das Land Baden-Württemberg nur noch 120 Abgeordnete. Auch die Zahl der Landtagsbediensteten ist entsprechend gesunken. Daß durch diese Verminderung der Minister- und Abgeordnetenzahl Einsparungen gemacht
worden sind, ist anzunehmen; daß sie bei einem Etat von 2 Milliarden DM bedeutungsvoll sind, wird sich kaum behaupten lassen.
Entscheidend, aber sehr viel schwieriger festzustellen sind die Veränderungen, die sich im Verwaltungspersonal vollzogen haben. Es
ist wahrscheinlich, daß die Vereinigung von drei Ländern zu einem
einzigen Land die Zahl der Ministerialbeamten beeinflußt; denn der
Anteil der Ministerialbeamten am gesamten Verwaltungspersonal
ist um so höher, je kleiner ein Land ist[45]). Das ist eine notwendige
Folge der Tatsache, daß z.B. die Gesetzgebungsarbeit eines kleineren Landes keinen wesentlich geringeren Personalaufwand erfordert als die eines größeren. Für die Vorbereitung eines Landesbeamtengesetzes, eines Landespolizeigesetzes, eines Landeswassergesetzes ist die Frage, ob es sich um ein Land mit 5 oder mit
15 Millionen Einwohnern handelt, verhältnismäßig gleichgültig.
Auch die Stellungnahme zu den Bundesgesetzen müßte grundsätzlich in allen Ländern den gleichen Arbeitsaufwand erfordern. Schon

---

45) Über den Anteil der Ministerialbürokratie am gesamten Verwaltungspersonal vgl. den Bericht von Sturm, a.a.O., Zweites Kapitel, Die Entwicklung
der öffentlichen Verwaltung in den einzelnen Ländern seit dem 19. Jahrhundert. III. Die öffentliche Verwaltung seit dem Jahre 1945. 1. Deutschland.
h) Ein Vergleich der Ministerialbürokratie.

für die Zeit zwischen den beiden Weltkriegen ist festgestellt worden, daß der Anteil der Ministerialbeamten am gesamten Beamtenkörper in Baden erheblich höher lag als in Preußen und in Bayern. Ähnliche Feststellungen lassen sich auch für die Gegenwart treffen, wenn man die größeren Länder mit Mittelinstanz, etwa Nordrhein-Westfalen und Bayern, mit den entsprechenden kleineren Ländern, wie Hessen und Rheinland-Pfalz, vergleicht. In den Ländern ohne Mittelinstanz, z.B. in Schleswig-Holstein und im Saarland, liegt dieser Anteil natürlich noch höher, da die Ministerien in diesen Ländern gleichzeitig, ganz oder teilweise, Aufgaben der Mittelinstanz zu erfüllen haben. Die Vereinigung der drei südwestdeutschen Länder zum Land Baden-Württemberg hat deshalb auch eine sehr erhebliche Verminderung der Bediensteten in den Ministerien herbeigeführt[46]). 1951 waren in den Ministerien der drei Länder rund 4000 Bedienstete beschäftigt, 1953 im neuen Land nur rund 1500. Dieser außerordentliche Rückgang der Bediensteten in den Ministerien ist jedoch nur scheinbar, weil es vor Bildung des Landes Baden-Württemberg, von der Landesbezirksverwaltung in Nordbaden abgesehen, in keinem der früheren Länder eine eigentliche Mittelinstanz gegeben hat. Bezieht man die Zahl der bei den vier Regierungspräsidien tätigen Bediensteten in den Vergleich ein, so erhöht sich die Zahl von rund 1500 Bediensteten auf etwa 4600, so daß zunächst in den Ministerien und Regierungspräsidien von Baden-Württemberg mehr Bedienstete beschäftigt gewesen sind als in den Ministerien der drei früheren Länder. In den auf die Bildung des neuen Staates folgenden Jahren konnte jedoch dieser Überhang fast ganz beseitigt und damit der Anteil der Ministerialbediensteten an der Gesamtzahl des Verwaltungspersonals gesenkt werden. Im großen und ganzen hat aber die Bildung des südwestdeutschen Staates zu keiner fühlbaren Verminderung des Verwaltungspersonals geführt, so daß sich aus ihr keine Schlüsse in der Kostenfrage ziehen lassen.

Die Frage nach dem Einfluß eines föderalistischen Staatsaufbaus auf den Umfang des Verwaltungspersonals bedürfte daher einer breit angelegten Untersuchung. Weitere Vorgänge, die hierfür in Betracht kommen, wären etwa die Bildung des Landes Thüringen

---

46) Über die Entwicklung der Ministerialbürokratie in Baden-Württemberg vgl. den Bericht von Sturm, Zweites Kapitel, III. 1. d) Baden-Württemberg.

im Jahre 1920, die Bildung des Landes Niedersachsen im Jahre 1946 und die sog. Verreichlichung einzelner Verwaltungszweige nach 1933. So lag z.B. die Justizverwaltung vor 1935 bei den Ländern, seit 1935 beim Reich und nach 1945 wieder bei den Ländern. An der Personalbewegung in der Justizverwaltung könnten also die Auswirkungen eines Zentralisierungs- und eines Dezentralisierungsvorganges studiert und dabei unter Umständen allgemeingültige Ergebnisse gewonnen werden.

Verwaltungstechnisch betrachtet, ist die Frage des unitarischen oder föderalistischen Aufbaus eines Staates ein Organisationsproblem. Sie führt damit auf die allgemeine Frage nach dem Einfluß organisatorischer Grundsätze auf den Umfang des Verwaltungspersonals. Daß hier Zusammenhänge bestehen können, liegt auf der Hand. So ist etwa das Problem der Neugliederung des Bundesgebietes nach Art. 29 GG oder der Einteilung der Länder in Verwaltungsbezirke auch eine Frage der zweckmäßigsten Personalverwendung, wenn auch diese Frage neben vielen anderen Gesichtspunkten nur eine untergeordnete Rolle spielen mag. Ebenso muß sich die Entscheidung für oder gegen das monokratische oder das kollegiale System in der Behördenorganisation auf den Umfang des Verwaltungspersonals auswirken, wenn auch das Kollegialsystem in der Gegenwart weniger im kollegialen Zusammenwirken von Berufsbeamten als in der Beteiligung ehrenamtlich tätiger Bürger in sog. Ausschüssen in Erscheinung tritt. In einem weiteren Sinne läßt sich auch die Zuständigkeitsverteilung zur Verwaltungsorganisation rechnen. Hier muß eine unklare oder unzweckmäßige Zuständigkeitsabgrenzung zwischen den einzelnen Behörden zu Zuständigkeitsüberschneidungen führen, die Mehrarbeit bei jeder Behörde und dadurch einen höheren Personalaufwand hervorrufen. In dem Bericht der Sachverständigenkommission für die Vereinfachung der Verwaltung beim Bundesministerium des Innern sind solche Zuständigkeitsüberschneidungen grundsätzlich und an einigen Beispielen behandelt worden[47]). Dabei ist mit Recht darauf hingewiesen worden, daß die Überschneidung von Zuständigkeiten in einem gewissen Umfang unvermeidbar ist, wofür das Haushaltsinteresse des Finanzministeriums an der Arbeit der übrigen Mini-

---

[47]) B. Zweiter Teil: Einzelgebiete. I. Organisation und Zuständigkeiten. 1. Überschneidungen ministerieller Arbeitsgebiete.

sterien als Beispiel dienen kann. Auf der anderen Seite kann der Aufgabenbereich eines Ministeriums von vornherein so abgegrenzt sein, daß ein Zusammenwirken mit anderen Ministerien notwendig ist. Man braucht hier nur an das „Vertriebenenministerium" oder das „Familienministerium" zu denken. Je mehr solcher Sonderministerien entstehen, um so größer wird auch die Gefahr der Zuständigkeitsüberschneidungen. Eine rechnerische Überlegung ergibt, daß die Zahl der Ressortgrenzen bei drei Ministerien 3, bei vier Ministerien 6 und bei sechs Ministerien 15, bei neun Ministerien jedoch schon 36 und bei 19 Ministerien sogar 179 beträgt. Welches Ausmaß die durch solche Zuständigkeitsüberschneidungen hervorgerufene Mehrarbeit in der Praxis annimmt, könnte nur durch eine sehr eingehende Untersuchung zahlreicher Verwaltungsvorgänge festgestellt werden, zu der im Bund nur der Bundesrechnungshof und der Beauftragte für Wirtschaftlichkeit in der Verwaltung in der Lage ist. Das Ergebnis könnte zu wichtigen verfassungspolitischen Forderungen führen, die sich auf die Zahl der Ministerien und auf die Berufung von Ministern ohne Geschäftsbereich oder politischen Staatssekretären beziehen. Da sich in einer parlamentarischen Demokratie die Berücksichtigung parteipolitischer Gesichtspunkte bei der Bildung des Kabinetts nicht ausschließen läßt, sollte die Ressorteinteilung und damit die Zuständigkeitsabgrenzung der Ministerien von diesen Erwägungen möglichst freigehalten werden. Das ist nur dadurch möglich, daß den politischen Parteien, die die Regierung bilden, andere Einflußmöglichkeiten im Kabinett gegeben werden.

Sieht man in der Häufung von Rechtsmitteln und Rechtsbehelfen, die für die deutsche Verwaltung und Verwaltungsgerichtsbarkeit der Gegenwart typisch ist, keine zwingende Folge des Rechtsstaatsgedankens, so läßt sich diese Erscheinung als eine organisatorische Fehlleistung ansehen, die einen nicht unerheblichen Arbeits- und Personalaufwand erfordern muß. Daß der Rechtsstaat Rechtsmittel innerhalb der Verwaltung, die verwaltungsgerichtliche Anfechtungs- und Verpflichtungsklage und einen Rechtsmittelzug innerhalb der Verwaltungsgerichtsbarkeit verlangt, ergibt sich aus seinem Wesen. Arbeits- und Personalaufwand in entsprechendem Umfang müssen getragen werden. Was aber über eine vom Rechtsstaatsgedanken gebotene und zweckmäßige Ausgestaltung der Rechtsmittel und Rechtsbehelfe hinausgeht, muß doch wohl als ein organisatorischer

Mangel bezeichnet werden, der auch für einen bestimmten Personalaufwand verantwortlich gemacht werden kann. Wie hoch dieser Personalaufwand ist, läßt sich nur schwer schätzen und schon gar nicht genau feststellen. Noch am leichtesten läßt sich der Personalaufwand ermitteln, der mit der Einführung bestimmter Rechtsmittel oder Rechtsbehelfe, etwa der Revision im verwaltungsgerichtlichen Verfahren oder der Verfassungsbeschwerde auch gegen gerichtliche Urteile, durch die Errichtung der zur Entscheidung über diese Rechtsmittel oder Rechtsbehelfe berufenen Gerichte erforderlich wird. Wesentlich höher als dieser unmittelbare Personalaufwand bei den Gerichten ist aber der mittelbare Personalaufwand, der bei den Verwaltungsbehörden dadurch entsteht, daß die verwaltungsgerichtlichen Prozesse um eine Instanz vermehrt werden oder daß rechtskräftige verwaltungsgerichtliche Urteile noch mit der Verfassungsbeschwerde angefochten werden können. Bei der großen Zahl von Verfahren, die seit Errichtung dieser Gerichte, z. B. beim Bundessozialgericht oder beim Bundesverwaltungsgericht, anhängig geworden sind, kann die Frage, ob innerhalb der Sozialgerichtsbarkeit und der allgemeinen Verwaltungsgerichtsbarkeit eine zweite Tatsacheninstanz zur Verwirklichung des Rechtsgedankens unbedingt erforderlich ist, nicht als bedeutungslos beiseite geschoben werden. Der Gesetzgeber ist zwar beim Erlaß der neuen Verwaltungsgerichtsordnung dem Modell der Zivilgerichtsbarkeit (nicht der Strafgerichtsbarkeit) gefolgt und hat die rechtsstaatliche Notwendigkeit einer zweiten Tatsacheninstanz grundsätzlich bejaht. Zu welchen Folgen dieser Standpunkt und der gleichzeitige Ausbau des Revisionsverfahrens durch Einführung der zulassungspflichtigen Verfahrensrevision (§ 132 Abs. 2 Nr. 3 VwGO) führen muß, wird die Zukunft lehren.

3. Obwohl organisatorische Mängel mehr Verwaltungsarbeit verursachen können, darf man sich über den Umfang des dadurch bedingten Mehraufwandes an Verwaltungspersonal wohl nicht übertriebene Vorstellungen machen. Gewiß werden durch Beseitigung dieser Mängel Personaleinsparungen möglich sein. Daß sie eine verhältnismäßig bescheidene Größe übersteigen werden, ist jedoch nicht anzunehmen. Gegenüber den außerordentlichen Wirkungen der Aufgabenvermehrung, der Steigerung und der Verbesserung der Leistungen auf den Personalbestand der Verwaltung

wird der Einfluß von Organisationsfehlern immer nur geringfügig
sein. Jedoch stecken hier die meisten Abhilfemöglichkeiten. Denn
während die Übernahme oder Übertragung neuer Aufgaben, die
Steigerung und Verbesserung der Leistungen und die auf diesen
Gründen beruhende Zunahme des Verwaltungspersonals nicht rück-
gängig gemacht werden kann, weil sich in ihnen der Wandel der
Staatsauffassung und der sozialen Verhältnisse widerspiegelt,
können organisatorische Mängel und ihre Folgen jedenfalls bis zu
einem gewissen Grade beseitigt werden. So läßt sich trotz Auf-
rechterhaltung der föderalistischen Struktur unseres Staatswesens
eine Neugliederung des Bundesgebiets in Länder vorstellen, deren
Größe den heutigen Personalaufwand für Landtage, Regierungen
und Ministerien mindern würde, wenn auch nicht verkannt werden
soll, daß bei der durch Art. 29 GG geforderten Neugliederung des
Bundesgebiets noch andere Gesichtspunkte zu berücksichtigen sind
als die einer Rationalisierung der Verwaltung. Auch die durch den
Rechtsstaatsgedanken zum unabänderlichen Grundsatz unserer ver-
fassungsrechtlichen Ordnung erhobene gerichtliche Rechtskontrolle
der Verwaltung könnte in Modalitäten geändert und dadurch ver-
einfacht und verbilligt werden. Daß eine zweckmäßigere Gestaltung
des Verwaltungsaufbaus zur Verminderung des Personalaufwands
führen würde, läßt sich kaum bestreiten. Hier stehen weder struk-
turelle noch verfassungsrechtliche Hindernisse einer Änderung entgegen. Eine den heutigen Bedürfnissen entsprechende Einteilung der
Verwaltungsbezirke, eine klare Abgrenzung der Zuständigkeiten,
eine sachgemäße Organisation der Behörden, ein den Notwendig-
keiten der Verwaltung und den Belangen des Bürgers gleicher-
maßen angepaßtes Verwaltungsverfahren könnte die bestehenden
Organisationsmängel beheben und einen gewissen Abbau des Verwaltungspersonals ermöglichen. Hier liegen Möglichkeiten für eine
Vereinfachung und Verbilligung der Verwaltung, die noch nicht
überall im vollen Umfange genutzt sind. Das Gutachten der Sachverständigenkommission für die Vereinfachung der Verwaltung hat
auf eine Reihe von Vereinfachungsmaßnahmen hingewiesen.

4. An letzter Stelle ist auf die Bedeutung der Personalpolitik
für die Zunahme des Verwaltungspersonals hinzuweisen. Die Zusammenhänge zwischen Personalpolitik und Personalaufwand liegen
auf der Hand. Kommen infolge einer falschen Personalpolitik nicht

die geeignetsten und tüchtigsten Anwärter auf die zu besetzenden
Stellen, so werden die von den weniger geeigneten und weniger
tüchtigen erbrachten Leistungen hinter den Erwartungen zurück-
bleiben, die an bessere Kräfte gestellt werden können. Das führt
zu einem Leistungsabfall in quantitativer und qualitativer Hinsicht.
Der quantitative Leistungsabfall kann nur dadurch ausgeglichen
werden, daß die Zahl der vorhandenen Kräfte erhöht wird; aber
auch der qualitative kann zu einer Personalvermehrung führen,
weil dem weniger leistungsfähigen Beamten unter Umständen ein
Mitarbeiter beigegeben werden muß, der sonst entbehrlich wäre.

Auf die Erscheinungsformen unsachgemäßer Personalpolitik kann
hier nicht näher eingegangen werden. Sie sind auch in den letzten
Jahren so oft behandelt worden, daß sich eine nähere Erörterung
erübrigt. Flagrante Verstöße gegen den Leistungsgrundsatz sind
meist Ausfluß parteipolitischer, konfessioneller oder sonstiger
Patronage. Ihnen kann nur durch rigorose Ausschaltung solcher
Patronageeinflüsse begegnet werden, wozu das geltende Verfas-
sungs- und Beamtenrecht allerdings nicht ausreicht. Stellt die fort-
schreitende Politisierung des Berufsbeamtentums, die sich in der
Gesetzgebung und in der Verwaltungspraxis seit Jahrzehnten ab-
zeichnet, nicht nur eine Gefahr für die Integrität des Berufsbeamtentums dar, sondern bedroht sie auch den Bestand des demo-
kratischen Staates, so sollte man überlegen, welche Änderungen
des Verfassungsrechts und des Beamtenrechts erforderlich sind, um
dieser Entwicklung Einhalt zu tun. Schon sind weithin sichtbare
Sturmzeichen erkennbar, die scharfe Schlaglichter auf das Berufsethos mancher Beamter, aber auch auf Mängel im inneren Gefüge
der beteiligten Behörden werfen.

Es liegt in der Natur der Sache, daß Verstöße gegen den Leistungsgrundsatz kaum und schon gar nicht statistisch erfaßbar sind.
Die Frage nach dem Umfang der Parteipatronage und nach ihren
Wirkungen auf die Leistungsfähigkeit der Beamtenschaft ist daher
exakt nicht zu beantworten. Den Anteil der parteipolitisch gebun-
denen Beamten an der gesamten Beamtenschaft zu kennen, wäre
sicherlich aus verschiedenen Gründen aufschlußreich. Entscheiden-
des wäre jedoch auch mit dieser Kenntnis nicht gewonnen, da es
sich bei diesen Beamten zum größten Teil um Laufbahnbeamte
handeln wird, deren Sachkenntnis und Befähigung nicht anzuzwei-

feln ist. Für den Zweck der angestellten Untersuchungen käme es allein auf die sog. Parteibuchbeamten an, die ohne hinreichende fachliche Qualifikation in ihr Amt gekommen sind. Aber gerade sie lassen sich auf Grund statistischer Erhebungen nicht feststellen, obwohl ihr Einfluß auf die Leistungsfähigkeit und das Berufsethos der Beamtenschaft nicht unterschätzt werden sollte.

Immerhin läßt sich auf Grund einer von der Hochschule für Verwaltungswissenschaften Speyer unter meiner Leitung veranstalteten Erhebung über die Struktur der höheren Beamten- und Angestelltenschaft in den Ministerien des Bundes und der Länder und in einigen obersten und oberen Bundesbehörden[48]) feststellen, daß der Leistungsgrundsatz anscheinend nicht mehr uneingeschränkte Anerkennung genießt. Ich lasse dabei die schwierige und wohl nicht allgemein zu beantwortende Frage nach der Leistungsfähigkeit der sog. Außenseiter außer Betracht. Wer allerdings das Laufbahnprinzip als die für die deutsche öffentliche Verwaltung beste Lösung der Personalauslese ansieht, wird in dem Vordringen anderer Bewerber in den öffentlichen Dienst Gefahren der Politisierung und des Spezialistentums und damit der Leistungsminderung und der Personalvermehrung sehen, von anderen ungünstigen Auswirkungen, auch auf das Berufsethos der Laufbahnbewerber, ganz abgesehen. Denn auch tüchtige Spezialisten, denen die allgemeine Ausbildung und die praktische Erfahrung in der Verwaltung fehlt, sind in der Regel nicht vielseitig verwendbar; sie neigen deshalb, wenn sie vorwärts kommen wollen, zu einer sachlich nicht gerechtfertigten Ausweitung ihres Arbeitsbereiches, was zu organisatorischen Fehlleistungen in der Abgrenzung der Referate und der Bildung von Abteilungen oder Unterabteilungen führen kann. Jedoch soll von einer abschließenden Stellungnahme zu dieser Frage hier abgesehen werden.

In einem System, das die geeignetsten Anwärter für die Besetzung von Beamtenposten durch Prüfungen ermittelt, kann davon ausgegangen werden, daß diese Prüfungen in der Regel die in sie gesetzte Erwartung erfüllen. Man sollte daher annehmen können, daß sich die qualifiziertesten Beamten — und das heißt hier die

---

[48]) Ihre Ergebnisse sind in dem Bericht von Sturm, a.a.O., Viertes Kapitel: Die soziale Struktur der Angehörigen des höheren Dienstes in den Ministerien, verwertet.

Beamten mit den besten Prüfungsergebnissen — in den Behörden
finden, die durch ihre Stellung im Behördenaufbau die wichtigsten
und schwierigsten Aufgaben zu erfüllen haben. Vor dem ersten
Weltkriege scheint dieser Grundsatz unangefochten gegolten zu
haben. Obwohl die Verhältnisse in den Ministerien des Reichs und
der Länder im einzelnen nicht bekannt sind und erst durch eine
entsprechende Untersuchung erschlossen werden müßten, steht z. B.
fest, daß in Bayern vor 1918 Beamte mit der Prüfungsnote III
(die sog. Dreier-Juristen) überhaupt nicht in die Ministerien kamen;
ein Drittel der Ministerialreferenten hatte die Prüfungsnote I, zwei
Drittel die Prüfungsnote II[49]). Heute haben von den höheren
Beamten und Angestellten der Bundesministerien 63 % ihr zweites
Examen mit Prädikat (also besser als ausreichend) abgelegt; in den
Ländern liegt die entsprechende Zahl zwischen 72 und 46 %.

Neben den Prüfungsleistungen spielt selbstverständlich auch die
Bewährung in der Praxis für die Verwendung in den Ministerien
eine maßgebliche Rolle. In der Öffentlichkeit ist in den letzten
Jahren wiederholt der Vorwurf erhoben worden, ein Teil der
Ministerialbeamten in Bund und Ländern könne mangels eigener,
außerhalb der Ministerien gewonnenen Verwaltungserfahrung die
Auswirkungen der von ihm vorbereiteten Gesetze und Verordnun-
gen nicht genug übersehen. Aus dem durch die bereits erwähnte
Erhebung gewonnenen Material ergibt sich, daß im Bunde 48 % der
Ministerialbeamten (und Angestellten) Verwaltungserfahrungen
außerhalb der Ministerien gewonnen haben, in den Länden dagegen 72 %. Allerdings liegen die Verhältnisse in den einzelnen
Ressorts sehr verschieden; der geringste Anteil an Beamten mit
„Fronterfahrung" findet sich beim Bundeswirtschaftsministerium,
beim Bundesamt für gewerbliche Wirtschaft und bei den Wirt-
schaftsministerien der Länder. Welche Schlüsse sich aus diesem
Material ziehen lassen, ist eine andere Frage; Vergleichszahlen aus
früherer Zeit wären sehr erwünscht. Bemerkenswert ist, daß zwischen der Zahl der Ministerialbeamten (und Angestellten) ohne
Verwaltungserfahrung außerhalb der Ministerien und der Zahl der
Beamten, die längere Zeit (über 5 Jahre) in der Privatwirtschaft

---

49) Vgl. die Angaben bei Sturm nach Walter Schärl, Die Zusammensetzung
der bayerischen Beamtenschaft von 1806—1918 (Münchener Historische Studien,
Abt. Bayerische Geschichte).

tätig gewesen sind, gewisse Beziehungen zu bestehen scheinen. Im Bundesamt für gewerbliche Wirtschaft z. B., das die wenigsten Beamten und Angestellten mit Verwaltungserfahrung hat (16 %), sind 56 % des Personals längere Zeit in der Privatwirtschaft tätig gewesen. Diese Zusammenhänge können hier nur angedeutet werden; sie wären in verschiedener Hinsicht, auch für das Verhältnis von Staat und Wirtschaft, eine Untersuchung wert.

IV. Ergebnis

Faßt man das Ergebnis dieser Ausführungen zusammen, so läßt sich, entgegen Behauptungen in der deutschen Presse, feststellen: Parkinsons Gesetz gilt in der deutschen Verwaltung nicht. Die andauernde Zunahme des Verwaltungspersonals seit der Mitte des vorigen Jahrhunderts hat andere Ursachen als ein angebliches Ausdehnungsstreben der Beamtenschaft selbst. Sie beruht im wesentlichen auf den tiefgreifenden Wandlungen in der Struktur der Gesellschaft und ihren Auswirkungen auf den Staat und seine Aufgaben. Soweit sie auf politische oder organisatorische Entscheidungen zurückzuführen sind, die einer Berichtigung oder Verbesserung zugänglich sind, ist Abhilfe möglich. Soweit sie dagegen auf der Übernahme neuer Aufgaben durch den Staat, auf der Vermehrung oder Verbesserung überkommener Leistungen, auf der rechtsstaatlichen Struktur unseres Staatswesens oder auf der sozialen Entwicklung auch des öffentlichen Dienstrechts (Arbeitszeitregelung!), beruht, erscheint eine Änderung ausgeschlossen. Es gibt kein Allheilmittel gegen die Vermehrung des Verwaltungspersonals, weil sie keine soziale Krankheit, sondern die natürliche Folge der Entwicklung zur Industriegesellschaft und zum Wohlfahrts- und Leistungsstaat ist. Aufgabe der Verwaltungswissenschaften kann es daher nur sein, den sich hier vollziehenden Vorgang stetiger Personalvermehrung in der Differenziertheit seiner Ursachen aufzuhellen und dadurch den Zusammenhang bloßzulegen, der zwischen diesem Vorgang und bestimmten Entscheidungen des Gesetzgebers besteht.

Parkinson schließt seine Ausführungen mit den Worten: „Es ist nicht die Aufgabe des Botanikers, Urkraut zu jäten. Ihm genügt es, wenn er sagen kann, wie schnell es wächst." Hier ist Parkinson als Forscher wohl allzu bescheiden. Man sollte sich nicht damit begnügen, zu sagen, wie schnell das Unkraut —

wenn es überhaupt Unkraut ist — wächst, sondern sich fragen, w e s h a l b es so schnell wächst, oder, anders ausgedrückt, weshalb es gar nicht langsamer wachsen k a n n. Dann würde sich auch zeigen, daß es sich zum größten Teil gar nicht um Unkraut handelt, sondern um höchst nützliche Pflanzen, die für den Bestand des Gartens und das Leben seiner Besitzer unentbehrlich sind.